Comienza como una semilla

Kevin Sarkisian

Traducción al español: José María Obregón

Rosen REAL READERS en español

Rosen Classroom Books & Materials
New York

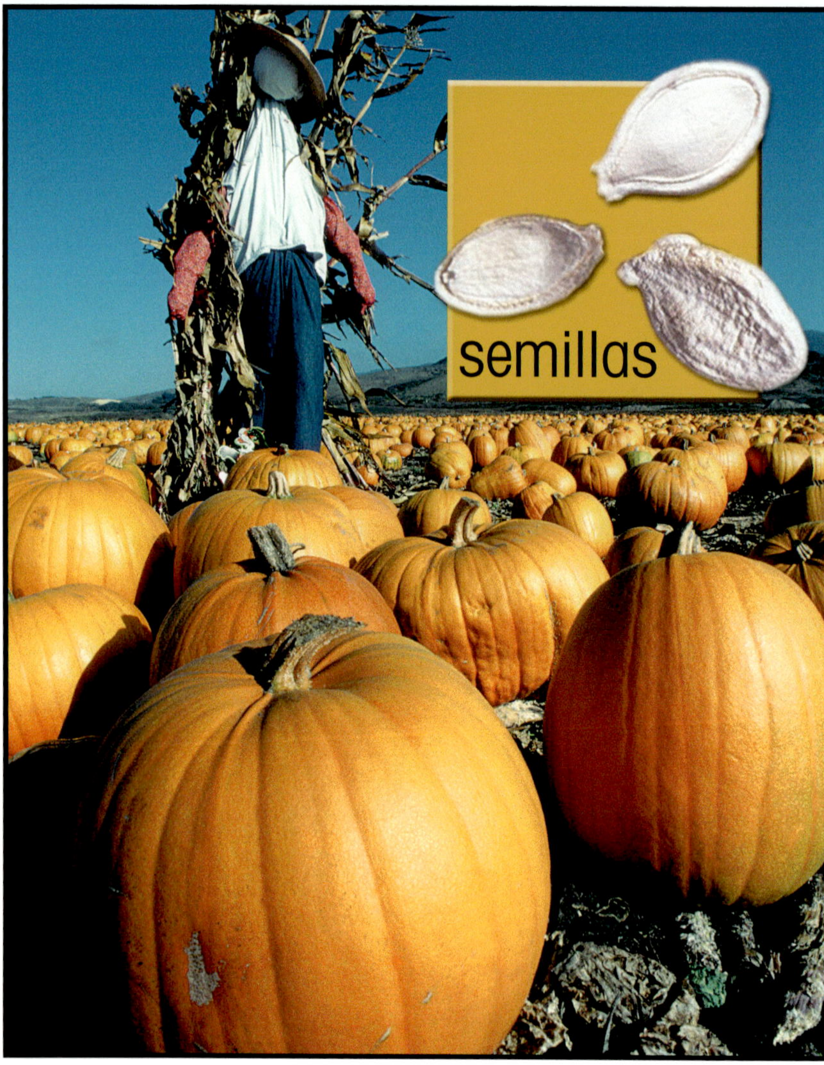

Las calabazas crecen de semillas.

Ponemos las semillas en la tierra.

Las semillas necesitan agua

para crecer.

Las semillas necesitan sol

para crecer.

De las semillas crecen las plantas.

Luego, de las plantas crecen las calabazas.

Palabras que debes saber

(las) calabazas

(las) plantas

(las) semillas

(la) tierra